Le football

À Edgar, vive le Barça !
M.

À Sok, mon plus fidèle supporter !
O. M.

www.editions.flammarion.com

Conception graphique et mise en pages : Flammarion et Marie Pécastaing

Éditions Flammarion – 87, quai Panhard-et-Levassor – 75647 Paris Cedex 13
ISBN : 978-2-0813-7070-8 – N° d'édition : L.01EJEN001272.N001
Dépôt légal : mai 2016
Imprimé en France par Pollina S. A. - L75569 – avril 2016
Loi n° 49-956 du 16 juillet 1949 sur les publications destinées à la jeunesse.

Le football

Texte de
Magdalena

Illustrations
de **Océane Meklemberg**

Castor Poche

Léon et Lola sont jumeaux
et ils aiment les mêmes choses.
Mais par-dessus tout, ils aiment jouer au foot.
Ils jouent à l'école et ils jouent à la maison.
Lola et Léon tapent tout le temps
dans le ballon.

Cette année, Maman les a inscrits
au club de foot de la ville.
Pour cette occasion, elle a acheté des maillots,
des shorts, des longues chaussettes,
des protège-tibias, des chaussures à crampons
et deux petits ballons.

Aujourd'hui, Lola et Léon ont
leur premier entraînement.
Lola est super-contente :
ses copines d'école, Zoé et Samia,
sont déjà là.

À peine arrivés sur le terrain,
l'entraîneur crie :
« C'est parti ! Faites comme moi,
tout le monde s'échauffe
avec des pas chassés
et des talons-fesses. »

EAU
EAU

Les enfants courent tout autour du terrain sans se doubler.
Puis, ils s'amusent à aller de plus en plus vite, cette fois en se doublant.
Léon est champion.
« Bravo Léon ! » crie Lola.

3
2
6

Pour finir l'échauffement, tous dribblent
entre les plots avec le ballon.
C'est Lola qui dribble le mieux.
« Bravo Lola ! » crie Léon.

Quand toutes les joues sont bien rouges,
l'entraîneur annonce :
« Match ! »
Il fait deux groupes et distribue à chacun
un maillot bleu ou rouge.
Léon et Lola ne jouent pas
dans la même équipe.

L'entraîneur dit :
« À la récré, on tape dans le ballon.
Ici, on frappe le ballon ! »
Après avoir expliqué les règles,
il siffle le début du match.
Le coup d'envoi est donné,
la partie peut commencer.

Sur le terrain, on court, on fait des passes, on dribble, on s'empare du ballon de l'adversaire.
Tout autour, les parents encouragent les joueurs :
« Allez les bleus !
– Allez les rouges !
– Attention, les croche-pieds sont interdits ! » crie l'entraîneur au mauvais joueur.

ALLEZ!
ALLEZ!

La gardienne défend son but,
elle doit empêcher le ballon d'entrer.
Mais Lola se faufile, elle tire,
et le ballon atterrit dans le filet.
« But ! » crie l'entraîneur.
Léon est très fier de sa sœur.
Il crie :
« Bravo Lola ! »

La séance se termine par des étirements.
Puis Lola et Léon restent un peu allongés sur l'herbe pour récupérer.

« Tu nous vois devenir champions ? demande Lola.

– Oui, surtout toi ! » dit Léon.

Le soir, dans leur lit,
Lola et Léon sont bien fatigués.
« Bonne nuit, champion ! dit Lola.
– Bonne nuit, championne ! » répond Léon.
Tous les deux s'endorment
avec leur nouveau ballon.

Les règles du football

Le football se joue sur **une pelouse** sur laquelle s'affrontent **deux équipes**, avec **un ballon** de forme ronde. Pour gagner un match, il faut marquer plus de **buts** que l'autre équipe, c'est-à-dire envoyer le plus grand nombre de fois le ballon dans **la cage de but** de l'adversaire.
Les joueurs peuvent jouer avec presque toutes les parties de leur corps : les pieds, la tête, le genou… mais il est interdit d'utiliser ses bras ou ses mains.
Seul **le gardien** a le droit de le faire !

L'arbitre

L'arbitre ne fait pas partie des équipes de joueurs.
Il est là pour faire respecter **les règles** et vérifier que personne ne triche. Il a **un sifflet** et **un chronomètre**.
C'est lui qui donne **le coup d'envoi**, siffle les fautes et la fin du match.
Quand il montre **un carton jaune**, le joueur qui a commis une faute reçoit un avertissement. Si c'est **un carton rouge** ou un deuxième carton jaune, le joueur est exclu définitivement du match et ne peut pas être remplacé.

L'équipement

Le joueur professionnel porte **un maillot** aux couleurs de son équipe, avec son nom et un numéro écrits dessus. La couleur du maillot est différente selon les équipes. Le gardien de but porte **des gants** et une tenue différente de celle des autres joueurs, pour qu'on le reconnaisse. Il a souvent le **numéro 1**.

Le joueur en tenue

Le terrain et l'équipe

Une équipe compte **11 joueurs**, dont le gardien.
Chacun a sa place et son rôle.

1. Les attaquants, ou avants, cherchent à **marquer** des buts.
2. Les milieux de terrain font **le lien** entre les attaquants et les défenseurs.
3. Les défenseurs, ou arrières, **défendent** le but.
4. Le gardien de but **stoppe** le ballon pour l'empêcher d'entrer dans la cage.

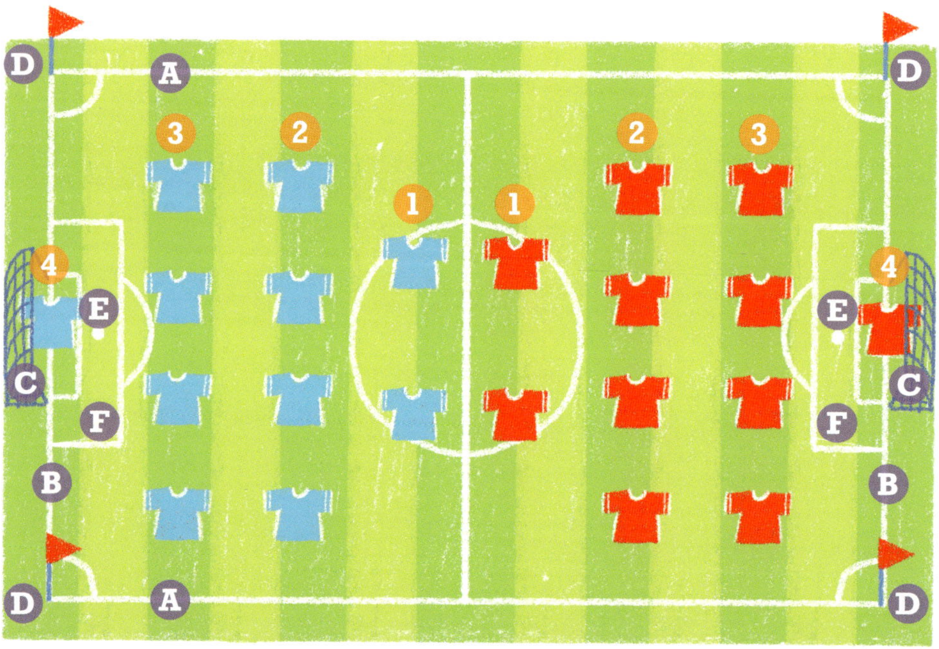

A Lignes de touche
B Lignes de but
C But
D Poteaux de corner
E Point de penalty
F Surface de réparation

Quelques termes à connaître

Le coup franc : quand un joueur fait une faute, l'équipe adverse a le droit de faire un tir depuis l'endroit où la faute a été commise. L'équipe en faute fait alors un mur pour empêcher le ballon d'aller jusqu'au but.

Le hors-jeu : quand une passe est faite à un attaquant sans qu'il y ait de défenseur entre lui et le gardien, on dit qu'il y a hors-jeu.

La touche : c'est quand le ballon sort du terrain par la ligne de touche. Il est alors remis en jeu à la main.

Le penalty : c'est le tir face au gardien que fait un joueur quand une faute a été commise dans la surface de réparation par l'équipe adverse.

Le corner : c'est quand le ballon qui a été touché par l'équipe défensive sort du terrain par la ligne de but. Il est alors remis en jeu au pied.

Le match

Il se déroule sur un terrain de foot ou dans un stade. L'arbitre siffle le début du match. Quand le coup d'envoi est donné, la partie commence pour 90 minutes de jeu.

Il y a une mi-temps au bout de 45 minutes. Les joueurs ont 15 minutes de pause. Dans les vestiaires, ils boivent et se reposent pendant que l'entraîneur les motive et leur donne des consignes de jeu.

Si un joueur est blessé ou fatigué, on fait rentrer
un remplaçant, qui attendait son tour sur le banc de touche.
Ce changement peut aussi être une tactique de l'entraîneur.

S'il y a égalité à la fin du match,
on peut faire deux prolongations de 15 minutes chacune.
Si aucune équipe ne gagne les prolongations,
cinq joueurs de chaque équipe font alors des tirs au but.

Les docs du CP

Explore tes thématiques préférées avec ces documentaires spécialement adaptés au niveau de lecture du CP.

Je suis en CP

Des histoires pour t'accompagner tout au long de l'année !

Les contes du CP

Tes contes classiques adaptés au niveau de lecture du CP.

C'est la rentrée !

NIVEAU 1

Le bras cassé

NIVEAU 2

La classe de mer

NIVEAU 3

Boucle d'or et les trois ours

Le loup et les sept chevreaux

Découvre bientôt la nouvelle série **Les maths du CP !**

Avec les copains du CP, découvre les mathématiques en t'amusant !

NIVEAU 1

À paraître en **AOÛT 2016**